INGE SZOLTYSIK-SPARRER

Schicke ALLTAGS MASKEN nähen

Kreative Behelfsmasken für Frauen, Männer und Kinder

Vorwort

Wir wünschen uns zwar gerade alle, dass nach der Coronakrise möglichst bald wieder Normalität in unser Leben zurückkehrt, aber leider sind wir im Moment noch verpflichtet, an vielen öffentlichen Orten Mund-Nase-Masken zu tragen. Viele bevorzugen anstelle der Einwegmasken dabei selbst genähte Modelle.

Als Schneidermeisterin und bekennende Maskenträgerin bin ich der Meinung, dass diese Masken dieselben Qualitätsstandards erfüllen sollten wie jedes andere Kleidungsstück auch – angefangen vom Schnittmuster bis hin zur präzisen Verarbeitung.

Ich stelle Ihnen in diesem Buch viele verschiedene Masken vor, sodass mit Sicherheit für jeden Geschmack und jeden Anlass ein passendes Modell dabei ist, egal, ob man Nähanfänger oder schon erfahren im Nähen ist. Einige Ideen sind für die ganze Familie oder ein Team umsetzbar, manche sind leicht zu nähen, andere Modelle dagegen anspruchsvoller.

Der Vorteil beim Nähen der Alltagsmasken ist, dass Sie fast alle benötigten Materialien schon im Haus haben! Außerdem stellt sich schneller ein Erfolgserlebnis ein als beim Nähen eines Kleidungsstückes. So kann das Thema „Masken nähen" für Sie der erste Einstieg in die Nähwelt, aber auch ein Grund, die Nähkenntnisse zu vertiefen, sein.

Ich wünsche Ihnen viel Freude beim Nähen!

Ihre

Inge Szoetysik-Sparrer

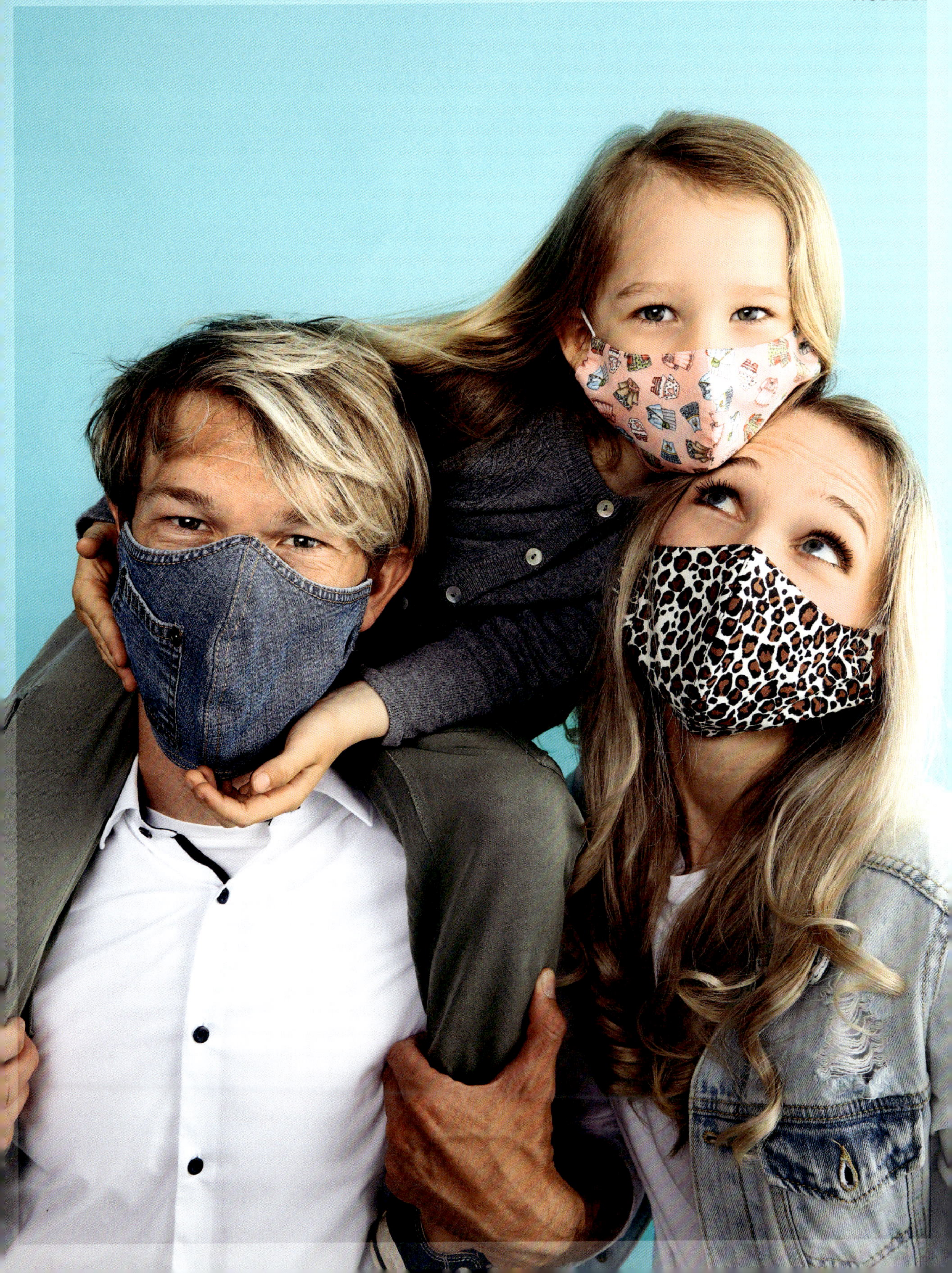

Das Wichtigste über Alltagsmasken

Wozu wird eine Mund-Nase-Maske benötigt?

Eine selbstgenähte Alltagsmaske aus Stoff schützt zwar nicht vor einer Ansteckung mit Covid-19, das Tragen dieser Mund-Nase-Maske kann jedoch das Risiko einer Tröpfcheninfektion für andere verringern und so dazu beitragen, die Ausbreitungsgeschwindigkeit von COVID-19 zu reduzieren. Die Mund-Nase-Maske verhindert zudem, dass man sich selbst mit möglicherweise kontaminierten Händen an Mund und Nase fasst. Damit kann die Maske die Gefahr reduzieren, dass Krankheitserreger über die Schleimhäute in den Körper gelangen.

Nicht zuletzt kann das Tragen der Mund-Nase-Maske ein Zeichen für „social distancing" setzen und den achtsamen Umgang mit sich und anderen stärken.

WICHTIG: Ein selbst genähter Mundschutz garantiert keinen Schutz vor Viren! Er verringert lediglich die Gefahr, dass die Erreger beim Atmen, Sprechen, Husten oder Niesen ungehindert weitergetragen werden. Die geltenden Hygiene- und Abstandsregelungen können solche Masken jedoch nicht ersetzen!

Welche Stoffe eignen sich für die Mund-Nase-Maske?

Für eine selbstgenähte Mund-Nase-Maske sollten Sie auf Stoffe zurückgreifen, die bei möglichst hohen Temperaturen waschbar, also kochfest sind, aber dennoch über den nötigen Tragekomfort verfügen. Das sind vor allem Baumwollstoffe wie Molton, Musselin, Baumwollköper oder Baumwollfahnentuch. Falls Sie gebrauchte Stoffe für die Maske verwenden möchten, bieten sich dafür vor allem Herrenhemden, Geschirrhandtücher, Kissenbezüge oder Bettlaken, aber auch T-Shirts aus festem Baumwollstoff an. Achten Sie darauf, dass der Stoff nicht zu schwer und zu dicht gewebt ist. Optimal ist ein Stoffgewicht von ca. 120–130 g/m². Außerdem gilt: je glatter der Stoff ist, umso angenehmer fühlt er sich beim Tragen an.

Die Maske sollte möglichst aus zwei Stofflagen, einem Außen- und einem Innenstoff, bestehen. Als Innenstoff eignen sich auch feinere Baumwollstoffe wie Popeline oder Batist. Wichtig ist es, dass Sie problemlos durch zwei Lagen des jeweiligen Stoffes hindurchatmen können.

Da Baumwolle zum Teil bis zu 5 % oder mehr einläuft, empfehle ich Ihnen, den gesamten zu verarbeitenden Stoff vor dem Zuschnitt vorzuwaschen und glattzubügeln.

Das korrekte Auf- und Absetzen

Die Maske sollte beim Auf- und Absetzen stets nur an den Bindebändern angefasst werden. Bitte denken Sie daran, vor dem Aufsetzen der Maske die Hände gründlich mit Seife zu waschen, um die Innenseite der Maske nicht mit eventuell an den Händen befindlichen Erregern zu kontaminieren. Auch nach dem Absetzen der Maske ist es ratsam, sich die Hände zu waschen.

Bewahren Sie die Maske nach dem Abnehmen bis zur Reinigung luftdicht verschlossen in einem Beutel oder in einer Dose auf.

Die richtige Reinigung

Die hier vorgestellten, selbst genähten Alltagsmasken lassen sich in der Waschmaschine waschen. Wählen Sie dazu das Kochwäsche-Programm bei mindestens 60 °C. Schalten Sie dabei aber besser das ECO-Programm ab, da sonst möglicherweise keine ausreichend hohen Temperaturen erreicht werden. Verwenden Sie Waschmittel mit Bleiche oder ähnlichen Wirkstoffen, um Krankheitserreger wirksam zu beseitigen.

Alternativ können Sie Ihre Maske auch für mindestens fünf Minuten in einen Topf mit kochendem Wasser legen. Nach dem Waschen können Sie Ihre Maske auch bügeln. Ein Bügeleisen erreicht sehr hohe Temperaturen und tötet daher ebenfalls Krankheitserreger ab. Die alleinige Benutzung eines Bügeleisens reicht aber nicht zur Desinfizierung der Maske aus. Ebenso ist aus Sicherheitsgründen von einer Reinigung der Maske im Backofen oder in der Mikrowelle abzuraten.

Sonderfall Baumwollbouclé und Baumwollspitze

Sie finden in diesem Buch auch einige Modelle aus Materialien, die sich von normalem Baumwollgewebe unterscheiden, zum Beispiel Baumwollbouclé oder Baumwollspitze oder eine Tüllspitze mit Stickerei und Perlen. Daher bezeichne ich diese Modelle auch nicht als Alltags-, sondern eher als Anlassmasken. Verwenden Sie für diese Masken unbedingt ein Wäschenetz und waschen Sie das Material vor dem Verarbeiten bei 60 °C, um zu schauen, wie es sich verhält: In der Regel lassen sich diese Materialien bei 60 °C waschen.

Mund-Nase-Masken für Kinder

Die hier vorgestellten Alltagsmasken können Kinder ab sechs Jahren ohne Probleme tragen. Für Kinder unter sechs Jahren besteht keine Maskenpflicht. Allerdings sollten Kinder ausschließlich Mund-Nase-Masken tragen, die mit einem Gummizug oder abreißbarem Band ausgestattet sind. Bei nicht-elastischen Bändern besteht möglicherweise die Gefahr, dass sie sich beim Spielen selbst strangulieren.

Filter

Es ist nicht unbedingt nötig aber empfehlenswert, zusätzlich einen Filter in die Maske zu legen. Dafür eignen sich Stoffe aus elektrostatischem Material, zum Beispiel Sebo-Staubsaugerbeutel. Um die Filterwirkung der Maske zu erhöhen, sind aber auch waschbare Vliesstoffe geeignet.

Besondere Materialien

Gummiband (1)

Flachgummi eignet sich am besten für die Befestigung am Hinterkopf, somit sitzt die Maske dann sehr stabil. Allerdings ist Flachgummi für das Tragen hinter den Ohren absolut ungeeignet. Man erkennt es sofort daran, das sich beim Tragen die Ohren nach unten klappen. Bei Masken, die man hinter dem Ohr tragen möchte, sollte man unbedingt ein weiches Rundgummi wählen, mit einem Durchmesser von max. 3 mm. Dieses Gummi ist so weich, dass man es beim Tragen gar nicht spürt und auch somit seine Maske im Gesicht ganz schnell vergisst. Denn ein unangenehmes Tragefühl entsteht meist durch den Gummibanddruck hinter dem Ohr. Das weiche Rundgummi ist auch gut mit Hörgeräten kombinierbar.

Alternativ können Sie Bindebänder entweder aus dem gleichen Stoff wie der Mundschutz selbst nähen oder sogenannte Elastikkordeln, Jersey-Stretchbänder oder Schrägbänder, die jeweils hinter dem Kopf zusammengebunden werden, verwenden.

Klettband (2)

Klettband benötigen Sie für die Sichtfenster zu den Masken auf den Seiten 22 und 48. So können Sie diese problemlos abnehmen und wieder anbringen.

Nasenbügel (3)

Damit die obere Stoffkante der Maske möglichst passgenau an der Nase anliegt, einen Nasenbügel aus biegsamem, rostfreiem Draht (z. B. Blumendraht oder Chenilledraht) in die Stoffoberkante einnähen. So wird verhindert, dass Luft neben dem Mundschutz einströmt und so ungefiltert eingeatmet wird. Für Brillenträger sind Masken mit Nasenbügel zu empfehlen, da die Brille dann nicht beschlägt. Nasenbügel sollten am besten einen Kunststoffüberzug haben, damit das Metall beim Waschen nicht rostet. Ebenfalls sollte darauf geachtet werden, dass die Metallenden nicht scharfkantig sind, um sich nicht zu verletzen und damit der Bügel den Maskenstoff nicht durchscheuert.

Ideal verwendbar sind die schmalen Metallbügel aus Schnellheftern.

Paspelfix oder Schrägbandformer (4)

Um sich Einfassbänder aus Schrägstreifen selbst anzufertigen, ist der Einsatz eines Schrägbandformers unverzichtbar. Mit diesem kleinen Hilfsmittel kann man sich mithilfe des Bügeleisens schnell passende Einfassbänder bügeln. Diese kleinen Metallschlitten gibt es in unterschiedlichen Breiten.

Einlage-Schrägband (5)

Aufbügelbares Einlageband mit Gewebefäden stabilisiert Schnittkanten und verhindert unerwünschtes Dehnen. So bilden sich an der Naht beim Nähen keine Wellen und sie bleibt dauerhaft in Form.

Einziehhilfen (6)

Um die unterschiedlichen Bänder oder auch Gummibänder in die Maskenenden einzuziehen, gibt es viele Möglichkeiten. Als Einziehhilfe kann man eine Sicherheitsnadel verwenden, oder es werden Einziehstäbchen benutzt. Diese sind sehr handlich und durch die Länge lässt sich das Gummiband leicht einziehen.

IN FALTEN GELEGT

mit Bindebändern

1 Den Stoff zuschneiden und an den Falten einknipsen. Die Schließnaht steppen und die vorgenähte Maske wenden. Als Bindebänder fertige Schrägstreifen verwenden oder aus dem Maskenstoff passende Schrägstreifen zuschneiden.

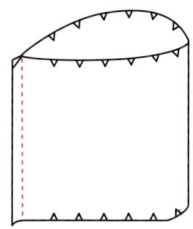

2 Die Maske sowohl an der Naht als auch an der Bruchstelle von rechts flachbügeln.

3 Die flachgebügelte Maske an der oberen und unteren Kante 0,5 cm breit absteppen.

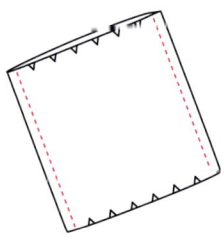

4 An der Bruchkante den Nasenbügel einschieben.

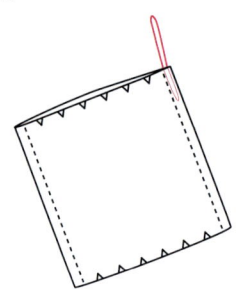

5 Mithilfe der Markierungen jeweils drei Falten einbügeln und zur Stabilisierung links und rechts knappkantig absteppen.

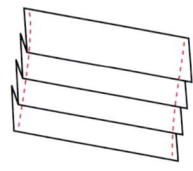

6 Beidseitig die Schrägstreifen annähen, sodass diese zum Binden gleichmäßig überstehen. Damit der Stich beim Binden nachgiebig ist, am besten einen elastischen Zick-Zack-Stich wählen.

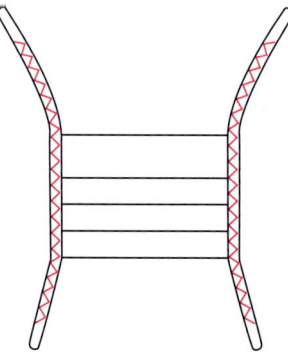

7 Die offenkantigen Enden der Bindebänder stramm verknoten und den Überstand des Bandes knapp abschneiden. Zum Schluss die Maske nochmals überbügeln.

MEINE TIPPS FÜR SIE

Die Einfassbänder sollten immer im schrägen Fadenlauf verarbeitet werden, dann sind sie geschmeidiger und legen sich viel besser in Form.

Die Bänder lassen sich in unterschiedlichen Breiten mithilfe eines Schrägbandformers leicht und schnell selbst herstellen.

Diese Maske ist sowohl mit als auch ohne Nasenbügel umsetzbar und ideal für alle, die auf ein Gummiband verzichten möchten. Masken wie diese sind wegen des Nasenbügels ideal für Brillenträger.

SCHWIERIGKEITS-GRAD 2

GRÖSSEN

Größe M (Teenager und Damen):
14 cm x 7 cm
Größe L (Herren):
19 cm x 9 cm

MATERIAL

Größe M

- ☒ Baumwollwebware, uni, 16 cm x 30 cm
- ☒ Schrägstreifen für Bindebänder, 2x 65 cm lang (oder plus 40 cm vom Maskenstoff)
- ☒ Nasenbügel aus Metall, 12 cm lang
- ☒ Nähgarn, farblich passend

Größe L

- ☒ Baumwollwebware, uni, 20 cm x 40 cm
- ☒ Schrägstreifen für Bindebänder, 2x 90 cm lang (oder plus 40 cm vom Maskenstoff)
- ☒ Nasenbügel aus Metall, 14 cm lang
- ☒ Nähgarn, farblich passend

ZUSCHNITT

Das Schnittteil enthält 0,5 cm Nahtzugabe.

- ☒ 2x Schnittteil Maske

SCHNITTMUSTER-BOGEN A

In diese einfach zu nähende Maske aus schlichtem, einfarbigem Baumwollstoff kann nach Bedarf auch noch ein Filter eingelegt werden.

SCHLICHT UND PRAKTISCH

mit Kellerfalte und Schlitz für Einlegefilter

SCHWIERIGKEITSGRAD 1

GRÖSSE

M (Teenager und Damen):
19 cm x 9 cm

MATERIAL

- ☒ Baumwollwebware,
  uni oder gemustert,
  20 cm x 38 cm
- ☒ Gummiband, 2 mm breit,
  2x je 25 cm lang
- ☒ Einlegevlies aus Zellstoff
  nach Bedarf,
  ca. 16 cm x 8 cm
- ☒ Nähgarn, farblich passend

ZUSCHNITT

Das Schnittteil enthält 0,5 cm
Nahtzugabe.

- ☒ 1x Schnittteil Maske

**SCHNITTMUSTER-
BOGEN A**

1 Das Schnittteil für die Maske nach dem Zuschnitt an den Faltenlinien knipsen. Das Faltenstück an den Schnittkanten ringsherum versäubern.

2 Die Kellerfalten an der Außen- und Innenseite einbügeln und im Nahtzugabenbereich feststeppen, damit die Falten vor dem Weiterverarbeiten befestigt sind.

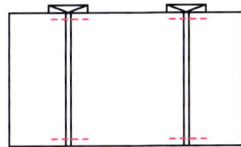

3 Die Nahtzugaben der Öffnungsseite feststeppen.

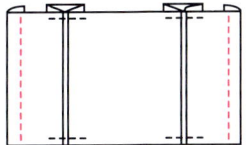

4 Die Maske an den Enden von links senkrecht abnähen, dabei 1 cm von den Kanten entfernt das Gummiband mit einnähen.

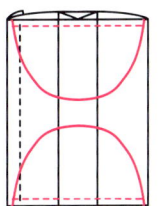

5 Die obere Maskennaht behält eine Mittelöffnung von 12 cm, damit ein Filter eingelegt werden kann. Links und rechts jeweils 4 cm von außen absteppen.

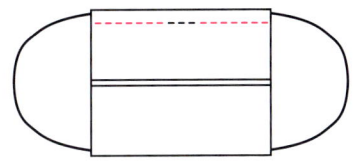

6 Die untere Bruchkante bügeln und ebenfalls absteppen.

MEIN TIPP FÜR SIE

Die benötigte Gummibandlänge kann sehr schwanken, ggf. zuerst einmal anprobieren und erst dann fest vernähen.

FÜR DIE GANZE FAMILIE

mit und ohne Nasenbügel

SCHWIERIGKEITSGRAD 2

GRÖSSEN

XS (3–6 Jahre): 17 cm x 11 cm
S (6–12 Jahre): 18 cm x 13 cm
M (Teenager und Damen): 20 cm x 14 cm
L (Herren): 21 cm x 15 cm

MATERIAL

Größen XS und S

- Baumwollwebware, uni oder gemustert, 15 cm x 30 cm (Außenstoff)
- Baumwollwebware in Weiß, 15 cm x 30 cm (Innenstoff)
- Gummiband, 3 mm breit, je 2x 19 cm bzw. 21 cm lang
- je 1 Nasenbügel aus Metall (nach Bedarf)
- Nähgarn, farblich passend

Größen M und L

- Baumwollwebware, uni oder gemustert, 20 cm x 40 cm (Außenstoff)
- Baumwollwebware in Weiß, 15 cm x 30 cm (Innenstoff)
- Gummiband, 3 mm breit, je 2x 23 cm bzw. 25 cm lang
- je 1 Nasenbügel aus Metall (nach Bedarf)
- Nähgarn, farblich passend

ZUSCHNITT

Die Schnittteile enthalten 0,5 cm Nahtzugabe.

- je 2x Außenstoff
- je 2x Innenstoff

SCHNITTMUSTERBOGEN B

1 Die mittlere Nasennaht am Außen- und Innenteil nähen, dabei immer von der unteren Maskenkante zur Spitze hin steppen.

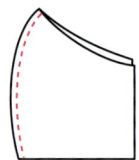

2 Von der Außenseite die Nahtzugaben knappkantig in die rechten Maskenteile steppen. Auch hier wieder in dieselbe Richtung nähen. So liegen nach dem Verstürzen die Nahtzugaben sowohl an der Außenmaske als auch an der Innenmaske gegengleich und nicht doppelt und man vermeidet dicke Stellen an den Enden.

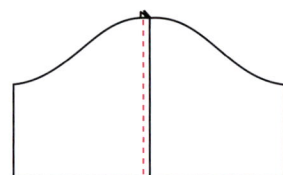

3 Die obere Maskennaht schließen. Dazu das äußere und das innere Maskenteil rechts auf rechts aufeinanderstecken. Beim Stecken darauf achten, dass die Nasennähte exakt aufeinanderliegen – dann zeigt eine Naht nach rechts und eine Naht nach links – erst dann wird genäht. Anschließend das innere Maskenteil knappkantig mit dem Kantenstepp auf die Nahtzugabe steppen.

Diese Maskenform ist die ideale Basis für viele kreative Abwandlungen, wie auch auf den nächsten Seiten zu sehen ist.

4 Die untere Maskennaht schließen und die Maske anschließend wenden.

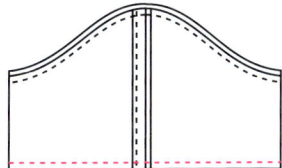

5 Die Maske von rechts an den Nähten in den Bruch bügeln und knapp absteppen.

6 Soll die Maske einen Nasenbügel erhalten, die obere Naht von außen ca. 7 mm absteppen und in den Tunnel den Metallbügel schieben. Damit dieser nicht verrutscht, knapp neben den Metallenden durchsteppen.

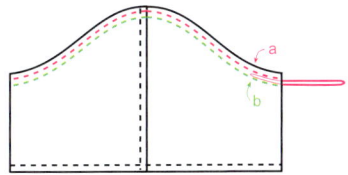

7 Die überstehenden Enden der Außenmaske 2x 1 cm umbügeln und durchsteppen.

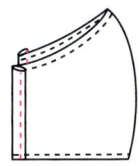

8 Das Gummiband einziehen, verknoten und den Knoten in die Stoffschaube ziehen.

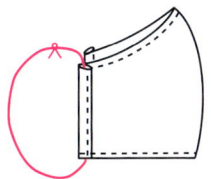

MEIN TIPP FÜR SIE
Kantenstepp und Absteppung tragen dazu bei, dass die Maske auch nach vielfachem Waschen ihre schöne Form behält.

IM PARTNERLOOK
für Puppenmamas

SCHWIERIGKEITSGRAD 1

GRÖSSEN

Kindermaske in XS
(3–6 Jahre): 16 cm x 12 cm
Puppenmaske: 10 cm x 9 cm
(plus Gummi)

MATERIAL

- Baumwollstoff, klein-gemustert, 15 cm x 40 cm (Innen- und Außenstoff)
- Gummizugschnur, 2x 18 cm lang
- Gummiband, 2 cm breit, 10–12 cm lang
- Nähgarn, farblich passend

ZUSCHNITT

Die Schnittteile enthalten
0,5 cm Nahtzugabe.

- 2x Außenstoff Kindermaske
- 2x Innenstoff Kindermaske
- 4x Schnittteil Puppenmaske

SCHNITTMUSTER-BOGEN B

Kindermaske

Die Kindermaske in Größe XS nach der Anleitung auf den Seiten 14–17 nähen.

Puppenmaske

1 An der Puppenmaske erst die Mittelnähte und dann die Abnäher einsteppen, die Maskenteile rechts auf rechts stecken und vornähen, an den schmalen Enden geöffnet lassen, wenden und von rechts bügeln.

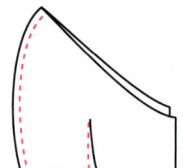

2 Das 2 cm breite Gummiband an einer Maskenseite annähen und versäubern, die Länge des Gummibandes an die Kopfgröße der Puppe anpassen. Das Band an der anderen Maskenseite annähen, versäubern und die Enden zur Maskenseite hin von rechts absteppen.

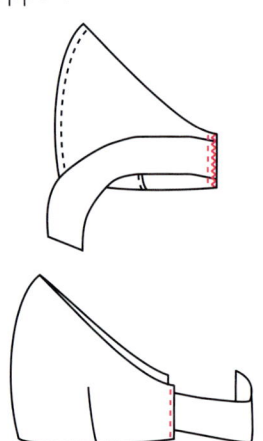

HINWEIS: Die Puppenmaske ist so konzipiert, dass das Gummiband am unteren Hinterkopf der Puppe sitzt. So ist es stabiler und verrutscht beim Spielen nicht.

Mithilfe dieses hübschen Partnermodells können stolze Puppenmamas und -papas den Umgang mit einer Maske ganz einfach lernen.

LÖWE UND EINHORN
mit kindgerechten Applikationen

SCHWIERIGKEITSGRAD 1

GRÖSSEN

Größe XS (3–6 Jahre):
17 cm x 11 cm
Größe S (6–12 Jahre):
18 cm x 13 cm

MATERIAL

- ☒ Baumwollwebware, uni, 15 cm x 30 cm (Außenstoff)
- ☒ Baumwollwebware in Weiß, 15 cm x 30 cm (Innenstoff)
- ☒ Vliesofix (Vlies auf Trägerpapier), 10 cm x 10 cm
- ☒ Motivstoff, z. B. Löwe, Einhorn oder andere Motive nach Wahl
- ☒ Gummiband, 2x 20 cm lang
- ☒ Nähgarn, farblich passend

ZUSCHNITT

Die Schnittteile enthalten 0,5 cm Nahtzugabe.

- ☒ 2x Außenstoff
- ☒ 2x Innenstoff
- ☒ Motiv im Grobschnitt

SCHNITTMUSTER-BOGEN B

1 Die Mittelnaht von Innen- und Außenmaske schließen und knappkantig zu einer Seite absteppen.

2 Das grob ausgeschnittene Wunschmotiv mit Vliesofix heiß unterbügeln. Dabei darauf achten, dass das Klebevlies überall gleichmäßig gut mit dem Motivstoff verschmolzen ist. Das Papier darf sich nicht lösen.

3 Nach dem Aufbügeln das Motiv mit einer kleinen spitzen Schere knapp- und offenkantig abschneiden.

4 Das Trägerpapier von der Unterseite des Stoffes abziehen.

5 Das ausgeschnittene Motiv mittig auf der Maske positionieren. Eventuell mit ein paar Stecknadeln feststecken.

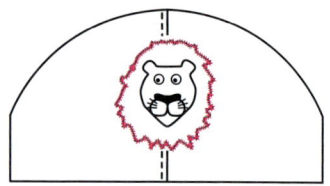

6 Die Maske auf ein rundes Bügelkissen legen und das Motiv von rechts mit leichtem Druck aufbügeln.

7 Die offenen Motivkanten mit einem farblich passenden Nähgarn von rechts aufzackeln. Dabei einen kleinen Zick-Zack-Stich in 1,5 cm Stichbreite und Stichlänge auswählen und sorgfältig um die Motivkanten herumführen.

8 Die Maske wie auf Seite 14 beschrieben fertigstellen.

MEIN TIPP FÜR SIE

Die hier gezeigte Verarbeitungstechnik kann mühelos auf Masken in anderen Größen übertragen werden und lässt Ihnen viel Spielraum bei der Auswahl des Motivs.

Wenn die Kleinen schon eine Maske
tragen sollen, dann aber auf jeden
Fall mit einem schönen Motiv nach
ihrem Wunsch.

Für Menschen, die darauf angewiesen oder von Berufs wegen darauf trainiert sind, Gesichter zu „lesen" oder von den Lippen zu lesen, ist dieses Maskenmodell genau richtig.

FÜR DEN NÖTIGEN DURCHBLICK

mit Sichtfenster

SCHWIERIGKEITSGRAD 3

GRÖSSE

M (Teenager und Damen):
20 cm x 14 cm

MATERIAL

- Baumwollwebware,
  uni oder gemustert,
  40 cm x 40 cm (Innen-
  und Außenstoff)
- Klettband, 1 cm breit,
  45 cm lang
- transparentes Material, z. B.
  Windradfolie, 15 cm x 7 cm
- Einlageschrägband zum
  Aufbügeln, 60 cm x 1,5 cm
- 4 Einlagepunkte, rund,
  zum Aufbügeln, ø 1,5 cm
- stabiles Gummiband,
  2x 25 cm lang
- Nähgarn, farblich passend

ZUSCHNITT

Die Schnittteile enthalten
0,5 cm Nahtzugabe.

- je 2x Außen- und Innen-
  stoff
- 1x transparentes Sicht-
  fenster

HINWEIS: Die Linien für das
Sichtfenster exakt auf den
Stoff übertragen.

**SCHNITTMUSTER-
BOGEN B**

1 Die Maske besteht aufgrund des technischen Anspruches aus identischen Innen- und Außenteilen und kann nicht komplett verstürzt werden. Daher sind die Vorbereitungen überaus wichtig. Vor dem Nähen den Stoff zunächst bügeln.

2 Ausschließlich an der Außenmaske sowohl die obere als auch die untere Maskenkante mit einem aufbügelbaren Einlagestreifen stabilisieren. Das erleichtert die Weiterverarbeitung und ist für ein exaktes Endergebnis unverzichtbar. Danach die Schnittkanten 0,5 cm nach links umbügeln. Ebenso die Eckpunkte des auszustürzenden Sichtfensters mit den 1,5 cm runden Einlagepunkten unterbügeln. Das verhindert nach dem Einschneiden und häufigem Waschen ein Ausfransen der Ecken.

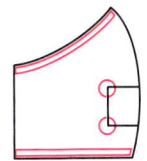

3 Die Mittelnähte schließen, auseinanderbügeln und beidseitig knapp absteppen.

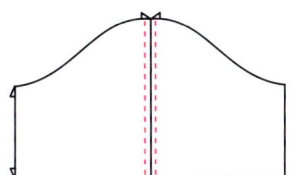

4 Die Maskenteile rechts auf rechts aufeinanderstecken. Den Mittelbereich ebenso mit Stecknadeln verbinden, damit nichts verrutscht. Darauf achten, dass die Mittelnähte exakt übereinanderliegen.

5 Mit einem kleinen Steppstich den Bereich für das Sichtfenster vornähen, den Innenbereich auf 0,5 cm Naht zurückschneiden und die Ecken einknipsen. Die Maske durch das ausgestürzte Sichtfenster wenden und flachbügeln.

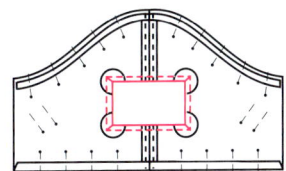

6 Die obere und untere Mas-kennaht gegeneinander einschla-gen und durch einen knappkanti-gen Stepp miteinander verbinden.

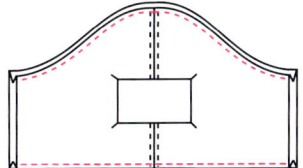

7 Die 1 cm breite Flauschseite des Klettbandes auf die Innensei-te der Maske um die Kante des ausgestürzten Sichtfensters step-pen. Dabei exakt vorgehen, da die Stepps später auf der rechten Seite sichtbar sind.

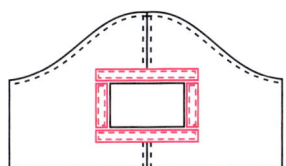

8 Die Hakenseite des Klettban-des ringsherum an die Kanten des Kunststofffensters steppen. Nach einem Tragetest die Klettbänder miteinander verbinden. Nun noch die Maskenseiten 2x 1 cm umbü-geln, absteppen und das Gummi einziehen.

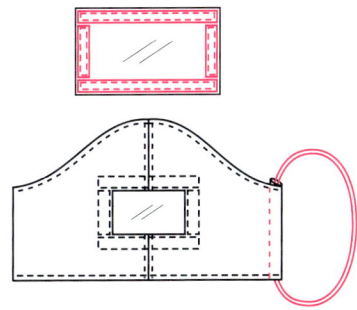

MEINE TIPPS FÜR SIE

Als Transparent-Material habe ich wegen ihrer Festigkeit Windrad-folie in DIN A4, 0,25 mm stark verwendet.

Durch den Einsatz von Klettband lässt sich das Sichtfenster mühelos austauschen und reinigen. Am besten fertigen Sie gleich mehrere Sichtfenster, bei Bedarf auch in anderen Größen.

Die Stabilität des Materials lässt auch das Tragen von Lippenstift zu, da eine Spannung nach außen entsteht, weshalb das Sichtfenster die Lippen nicht berührt.

ELEGANT UND STILVOLL

mit Borte oder Perlen

SCHWIERIGKEITSGRAD 2

GRÖSSE

M (Teenager und Damen):
20 cm x 14 cm

MATERIAL

- ☒ Baumwollbouclé mit groben Fäden, 25 cm x 45 cm (Außenstoff)
- ☒ Baumwollwebware in Weiß, 20 cm x 40 cm (Innenstoff)
- ☒ aufbügelbare Gewebeeinlage aus Baumwolle, 20 cm x 40 cm
- ☒ Perlenschnur, 40 cm lang
- ☒ einzelne Perlen
- ☒ Gummiband, 2x 23 cm lang
- ☒ Nähgarn, farblich passend

ZUSCHNITT

Die Schnittteile enthalten 0,5 cm Nahtzugabe.

- ☒ 2x Außenstoff
- ☒ 2x Innenstoff
- ☒ 2x Schrägstreifen

SCHNITTMUSTER-BOGEN B

1 Bouclé ist ein Material, das aus locker verbundenen Fäden gewebt ist. Ohne Einlage würden die kleinen Stoffteile stark ausfransen. Aus diesem Grund empfiehlt es sich, die zugeschnittenen Außenteile vor dem Nähen mit einer aufbügelbaren Gewebeeinlage zu verstärken. Dadurch bekommt die Maske später eine schöne, stabile Form und lässt sich besser weiterverarbeiten.

2 Nach dem Bügeln die Maske wie in der Anleitung auf Seite 14 fertigstellen.

3 Damit die zugeschnittenen Schrägstreifen eine schöne Fransenkante erhalten, einfach die Hand mehrmals über die offenkantigen Stoffstreifen ziehen. Diese nur als Abschluss mit ein paar

Stecknadeln direkt an den Kanten der Maske platzieren, sodass die Fransen ein paar Millimeter überstehen. Die Streifen an den Enden jeweils 1 cm einschlagen und das Fransenband von Hand mit Punktrückstichen an der Maske befestigen.

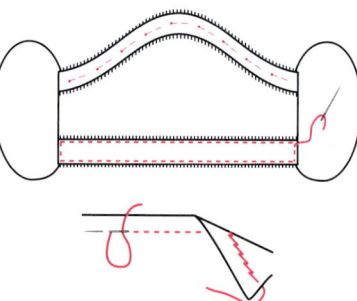

4 Alternativ anstelle von Fransenband an dieser Stelle von Hand eine Perlenschnur aufnähen, ergänzt mit ein paar kleinen Perlen, die verstreut auf die Maske aufgenäht werden.

MEIN TIPP FÜR SIE

Beim Kauf von Bouclé unbedingt auf die Materialzusammensetzung achten. Die Ware sollte einen hohen Baumwollanteil haben, damit die Maske bei 60 °C (am besten in einem Wäschenetz) waschbar ist. Vor dem Zuschnitt empfehle ich Ihnen einen Waschtest. Den Stoff im Anschluss auf eine mögliche Veränderung überprüfen. Alternativ können Sie auch Baumwollpiqué verwenden. Er wirkt ebenfalls sehr plastisch und hat ein bewegtes Oberflächenbild.

Diese Maske aus Baumwollbouclé
im Chanel-Stil lässt sich sowohl
superedel zum Etuikleid oder auch
ganz lässig zur Jeans kombinieren.

HAUTE COUTURE

aus Spitze, abgestimmt auf festliches Outfit

SCHWIERIGKEITSGRAD 3

GRÖSSE

M (Teenager und Damen):
20 cm x 13 cm

MATERIAL

Maske in Gold

- ☒ Spitzenstoff: grüne Spachtelspitze aus 100 % Baumwolle, 18 cm x 32 cm (Außenstoff)
- ☒ Baumwollstoff, 20 cm x 40 cm (Innenstoff)
- ☒ Baumwolljersey, farblich abgestimmt, 20 cm x 40 cm (Unterlage)
- ☒ Goldkettchen, 50 cm lang
- ☒ Nähgarn, farblich passend

Maske in Grün

- ☒ Spitzenstoff: goldfarbene Tüllspitze aus Mischgewebe, 18 cm x 32 cm (Außenstoff)
- ☒ Baumwollstoff, 20 cm x 40 cm (Innenstoff)
- ☒ Baumwolljersey, farblich abgestimmt, 20 cm x 40 cm (Unterlage)
- ☒ Gummiband, 50 cm lang
- ☒ Nähgarn, farblich passend

ZUSCHNITT

Die Schnittteile enthalten 0,5 cm
Nahtzugabe.

- ☒ je 2x Innenstoff
- ☒ je 2x Unterlagenstoff

HINWEIS: Den Spitzenstoff jeweils nicht zuschneiden, sondern als Rechteck, 18 cm x 32 cm, belassen.

SCHNITTMUSTERBOGEN B

Maske in Gold

1 Die mittleren Maskennähte des Innenstoffs und des Unterlagenstoffs steppen. Spitze ist anspruchsvoll in der Verarbeitung und darf nicht wahllos zugeschnitten werden. Vor dem Verstürzen der Maske das Spitzenrechteck drapieren. Dazu die vorgenähte Maskenunterlage auf ein rundes Bügelkissen oder einen Bügelbock legen. Nun das Spitzenrechteck über diese Unterlage legen und positionieren. Dazu die Spitze an Stellen mit zu viel Material mit einer Schere einschneiden und übereinanderlegen, ähnlich wie einen Abnäher. Diese Stellen geschickt von Hand mit kleinen Stichen zunähen. Gegebenenfalls kleine Spitzenelemente ausschneiden und über die Einschnitte legen. Diese Schritte so oft wiederholen, bis die Spitze die Form der Unterlagenmaske angenommen hat.

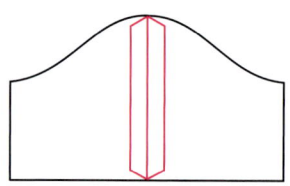

2 Damit das Obermaterial nicht durchhängt, die Spitze mit Punktrückstich (siehe Seite 26) am Unterlagenstoff befestigen, insbesondere an der vorderen Mittelnaht.

MEIN TIPP FÜR SIE

Das Schnittmuster für die Kleider von Seite 29 und 31 finden Sie in meinem Buch „Der perfekte Zuschnitt" (ISBN 978-3-7724-8143-7).

Bei diesen Masken im Couture-Stil ist handwerkliches Geschick gefragt. Eines ist aber sicher: Mit diesen Modellen punkten Sie bei jedem gesellschaftlichen Event, von der Hochzeit bis zur Gala.

3 Darauf achten, dass sich an den Maskenenden möglichst wenig Spitze im Einschlag befindet, damit nichts drückt. Die Maske nun mit der Innenmaske verstürzen und fertigstellen. Anstelle von Gummiband habe ich hier kleine Goldkettchen verwendet, das sieht um ein Vielfaches eleganter aus.

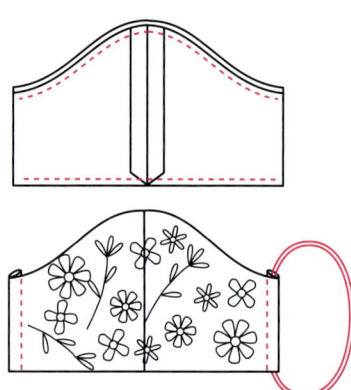

Maske in Grün

1 Siehe Schritt 1 „Maske in Gold" auf Seite 28.

2 Bei dieser Maske aus Spachtelspitze sitzt die Spitze nur in der unteren Maskennaht und bleibt im oberen Bereich lose. Den hübschen Spitzenabschluss nutzen und die Langetten der Spitze gekonnt über die obere Maskennaht laufen lassen. Auch hier wird die Spitze mit vielen kleinen Handstichen sorgfältig auf das Untermaterial punktiert.

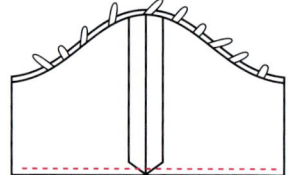

3 Für das Gummiband 0,5 cm schmale Jerseyröllchen vornähen, die Röllchen wenden und das Gummi in die Jerseyhülle einziehen.

MEINE TIPPS FÜR SIE

Diese beiden hier gezeigten Modelle sind selbstverständlich nicht für den täglichen Gebrauch gedacht. Das Tragen eines Einlegefilters ist sinnvoll.
Baumwollspitze lässt sich ganz unkompliziert, wie jede andere Baumwolle auch, bei 60 °C waschen, am besten jedoch in einem Wäschenetz, damit sie nicht ausfranst. Ebenso lassen sich viele Tüll- oder auch Metallspitzen bei 60 °C waschen. Auch bei diesem Material empfehle ich Ihnen vor dem Zuschnitt eine Materialwäsche bei 60 °C. Den Stoff anschließend auf Veränderung überprüfen. Tüllspitze können Sie auch mit einem Desinfektionsspray behandeln.

Maske und Einstecktuch sind hier perfekt aufeinander abgestimmt, das sorgt für stilvolle Harmonie.

GENTLEMAN-STYLE
für Herren mit Einstecktuch

SCHWIERIGKEITSGRAD 1

GRÖSSEN

Maske: L (Herren): 21 cm x 15 cm
Einstecktuch: 20 cm x 20 cm

MATERIAL

- ☒ Baumwollstoff, kleingemustert, 50 cm x 50 cm (Außenstoff Maske und Einstecktuch)
- ☒ Baumwollwebware in Weiß, 15 cm x 30 cm (Innenstoff Maske)
- ☒ Gummiband, 3 mm breit, je 2x 25 cm lang
- ☒ Nähgarn, farblich passend

ZUSCHNITT

Die Schnittteile enthalten
0,5 cm Nahtzugabe.

- ☒ 2x Außenstoff Maske
- ☒ 2x Innenstoff Maske
- ☒ 2x Einstecktuch im Stoffbruch

SCHNITTMUSTERBOGEN B

1 Die Maske nach der Anleitung auf den Seiten 14–17 nähen.

2 Das Einstecktuch von der linken Seite 0,5 cm mit einem kleinen Steppstich vornähen. An der Markierung eine Wendeöffnung lassen.

3 An den Ecken vorsichtig knapp zurückschneiden.

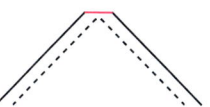

4 Die Tuchnähte auf einem Kantenholz oder einem Lineal auseinanderbügeln.

5 Das Tuch vorsichtig wenden und mithilfe eines Pfrims die Ecken ausformen.

6 Das Tuch von der Außenseite an den Nähten flachbügeln und die Wendeöffnung mit kleinen Handstichen zunähen.

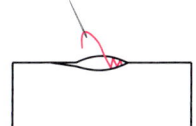

PASSEND ZUM OUTFIT
Wendemasken im Mustermix

SCHWIERIGKEITSGRAD 2

GRÖSSE

M (Teenager und Damen):
20 cm x 14 cm

MATERIAL

- ☒ Baumwollwebware, gestreift, 20 cm x 40 cm (Außenstoff)
- ☒ Baumwollwebware, gepunktet oder mit Sternchen, 20 cm x 40 cm (Innenstoff)
- ☒ Gummiband, 2x 25 cm lang
- ☒ Nähgarn, farblich passend

ZUSCHNITT

Die Schnittteile enthalten 0,5 cm Nahtzugabe.

- ☒ 2x Außenstoff (bei Streifen auf den Fadenlauf achten)
- ☒ 2x Innenstoff (bei Punkten auf passendes Muster achten)

SCHNITTMUSTER-BOGEN B

1 Die Mittelnähte der Innen- und Außenmaske steppen und auseinanderbügeln.

2 Die Maskenteile rechts auf rechts aufeinanderstecken und steppen. An der unteren Maskennaht ebenfalls eine 4 cm lange Wendeöffnung lassen.

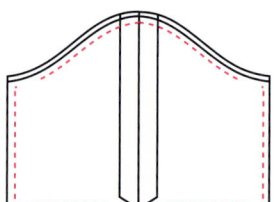

3 Bei diesem Maskenschnitt sind die Innen- und Außenteile identisch und haben keinen Nahteinschlag für den Gummizug. Deshalb ist es wichtig, an den Enden anhand der Markierungen zwei kleine Öffnungen für den späteren Gummi-Einzug zu lassen.

4 Die Maske nun nach rechts wenden und an den Kanten flachbügeln.

5 Die Maske von rechts knappkantig absteppen, dabei auf die unterschiedliche Farbauswahl des Nähgarns achten und ggf. auf die Stofffarben abstimmen.

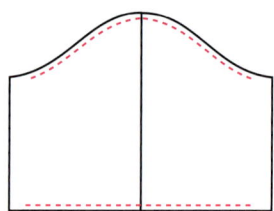

6 An den beiden Außenkanten jeweils einen 1 cm breiten Tunnel steppen und das Gummi einziehen.

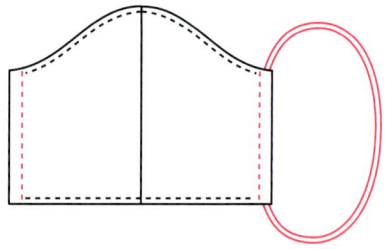

MEIN TIPP FÜR SIE

Um die Maskennähte schön auseinanderbügeln zu können, optimalerweise einen runden Bügelbock verwenden. Darauf kann man auch die fertigen oder jeweils frisch gewaschenen Masken wunderbar in Form bügeln.

Wer sich nicht zwischen der Vielzahl an Stoffen entscheiden kann, für den ist die Wende-maske genau richtig. Am besten gleich ein ganzes Sortiment nähen, dann hat man immer eine passende Seite zum aktuellen Tagesoutfit.

Durst und Hunger stillen, ohne ständig die Maske auf- und abnehmen zu müssen: Kein Problem mit diesem Modell. Und stylish sieht es auch noch aus!

FÜR NASCHKATZEN
mit Reißverschluss

SCHWIERIGKEITSGRAD 2

GRÖSSE

M (Teenager und Damen):
20 cm x 14 cm

MATERIAL

- Baumwollwebware, uni, 40 cm x 40 cm (Innen- und Außenstoff)
- Metallreißverschluss mit Zipper, 10 cm lang
- Einlageschrägband zum Aufbügeln, 1,5 cm breit, 60 cm lang
- Gummiband in Schwarz, 2x 25 cm lang
- Nähgarn in Kontrastfarbe zum Absteppen

ZUSCHNITT

Die Schnittteile enthalten 0,5 cm Nahtzugabe.

- je 2x Innen- und Außenstoff

SCHNITTMUSTERBOGEN B

1 Die Maske besteht aufgrund des technischen Anspruches aus identischen Innen- und Außenteilen und kann nicht komplett verstürzt werden. Daher sind die Vorbereitungen überaus wichtig. Vor dem Nähen den Stoff zunächst bügeln.

2 Ausschließlich an der Außenmaske sowohl die obere als auch die untere Maskenkante mit einem aufbügelbaren Einlagestreifen stabilisieren. Das erleichtert das Weiterarbeiten und ist für ein exaktes Endergebnis unverzichtbar. Danach die Schnittkanten 0,5 cm nach links umbügeln.

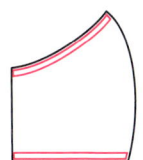

3 Die Mittelnähte von Innen- und Außenstoff schließen, die Nähte knappkantig mit einem Kontrastfaden im 3-fach-Steppstich absteppen.

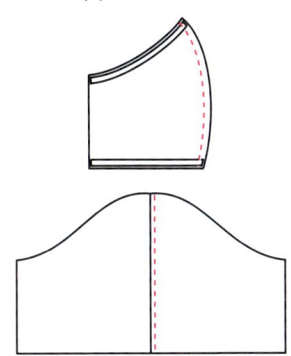

4 Die Maskenteile rechts auf rechts aufeinanderstecken. Den Mittelbereich ebenso mit Stecknadeln verbinden, damit nichts verrutscht. Darauf achten, dass die Mittelnähte exakt übereinanderliegen.

5 Mit einem kleinen Steppstich den Bereich für den Reißverschluss vornähen, den vorgenähten Innenbereich in der Mitte ganz knapp einschneiden, die Ecken einknipsen und die Maske durch das ausgestürzte Fenster wenden. Mit ein paar Reihstichen um das gestürzte Fenster heften und flachbügeln.

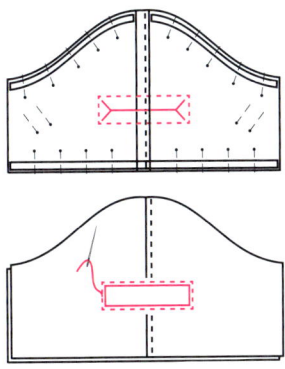

6 Die obere und untere Maskennaht gegeneinander einschlagen und durch einen knappkantigen Stepp mit Kontrastgarn im 3-fach-Steppstich miteinander verbinden.

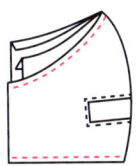

7 Den Reißverschluss kräftig abbügeln, damit er später nicht schrumpft. Nun den Reißverschluss einstecken. Dabei darauf achten, dass sich der komplette Metallbereich in der Öffnung befindet und der Zipper im linken Maskenbereich sitzt. Sicherheitshalber empfehle ich, den Reißverschluss erst mit Handstichen einzuheften. Den Reißverschluss vorsichtig und exakt einsteppen. An der Innenseite der Maske die Reißverschluss-Enden einschlagen und von Hand mit kleinen Stichen befestigen.

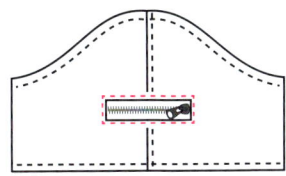

8 Die Maskenseiten 2x 1 cm umbügeln, absteppen und das Gummi einziehen.

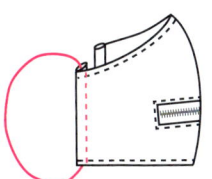

MEINE TIPPS FÜR SIE

Keine Sorge, an diesem Reißverschluss klemmt man sich die Lippe nicht ein. Durch die Verarbeitungstechnik entsteht so viel Spannung auf dem Reißverschluss, dass sich dieser nach außen biegt und sich so immer in einem sicheren Abstand zur Mundpartie befindet.

Anstelle eines Metallreißverschlusses können Sie auch einen Kunststoffreißverschluss verwenden. Jedes Material erzielt eine andere Wirkung.

Trennungsschmerz?
Kennen wir nicht, denn
wir geben der heißgelieb-
ten, alten Jeans ein
zweites Leben als Maske.

STYLISH FÜR MÄNNER

neue Chance für alte Jeans

SCHWIERIGKEITSGRAD 2

GRÖSSE

L (Herren): 21 cm x 14 cm

MATERIAL

☒ alte, ausgediente 5-Pocket Jeans

☒ Klettband, 2 cm breit, 3 cm lang

☒ Gummiband, farblich passend, 1 cm breit, 2x 25 cm lang

☒ Jeansgarn zum Absteppen

ZUSCHNITT

Der Schnitt enthält aufgrund seiner Absteppung 0,8 cm Nahtzugabe.

☒ 1x Schnittteil Maske

☒ 1x Hinterkopf-Riegel, ca. 25 cm, aus dem abgetrennten Hosenbund (Seite mit dem Knopfteil)

HINWEISE: Die Jeans im oberen Taschenbereich in grobe, verwendbare Stücke schneiden.
Die Maske so platzieren, dass der Bogen der vorderen Eingrifftasche als oberer Maskenbogen dient.
Die kleine, innenliegende 5-Pocket Tasche knappkantig hinter der Absteppung abschneiden, sodass weder die Tasche noch die Stepparbeit zerstört wird.

SCHNITTMUSTERBOGEN A

1 Da die Jeansmaske ungefüttert ist, als Erstes alle Schnittkanten versäubern. Dann die Mittelnaht schließen und darauf achten, dass das Nahtende oben an der Nase exakt passt. Nun mit dem Jeansgarn knappkantig 1 mm und 5 mm breit absteppen.

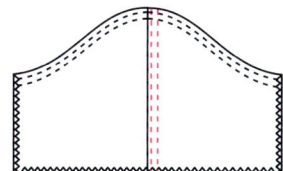

2 Die untere Maskenkante 0,8 cm umbügeln und absteppen.

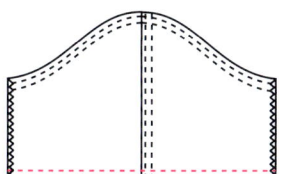

3 An den Seiten eine Falte legen, 0,8 cm umbügeln und absteppen, dabei das Gummiband mit in die Nahtzugabe einlegen und mit feststeppen.

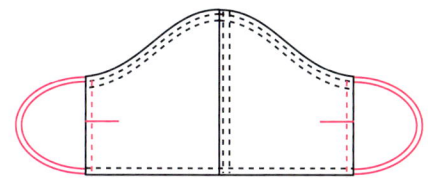

4 Den Riegel bei 25 cm versäubern, das Klettband anhand der Markierungen aufsteppen. Der Riegel wird auf der einen Seite mit dem Gummiband und auf der anderen Seite mit dem Knopf gehalten.

5 Die ausgelöste kleine Tasche knappkantig abschneiden und nach Belieben auf einer Maskenhälfte positionieren und aufsteppen. Im Bereich der Nieten die Tasche mit kleinen, unsichtbaren Rückstichen von Hand stabil befestigen.

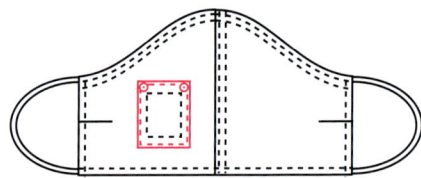

MEINE TIPPS FÜR SIE

Die restlichen Stoffstücke der Lieblingsjeans lassen sich kreativ für weitere Masken für die ganze Familie verwenden.

Beim Jeans-Upcycling kann man seiner Kreativität freien Lauf lassen. So kann man unter dem Aspekt der Nachhaltigkeit die Stoffstücke der auseinandergeschnittenen Jeans komplett weiter verwerten, zum Beispiel für weitere Masken für die ganze Familie. Gemixt mit anderen Stoffen lassen sich daraus aber auch Taschen, Röcke, Westen und auch viele Dekoartikel zaubern

Achten Sie auf den Einsatz der richtigen Maschinennadel und verwenden Sie einen passenden Jeans-Nähfaden.

Diese Maske im Street-
wear-Look für Männer
hat dank eines verstell-
baren Hinterkopfriegels
einen stabilen Trage-
komfort. Dieser wurde
extra für Köpfe ohne
Haare entwickelt.

COOLES DESIGN
mit Nieten

SCHWIERIGKEITSGRAD 2

GRÖSSEN

L (Herren): 25 cm x 16 cm
Riegel: 12 cm x 6 cm

MATERIAL

- ☒ Webware oder Jersey aus Baumwolle, 30 cm x 70 cm
- ☒ Einlagestreifen zum Aufbügeln, 3 cm breit, 40 cm lang
- ☒ 10 Silbernieten zum Stanzen
- ☒ Gummiband, 1 m lang
- ☒ Doppelstopper
- ☒ Nähgarn, farblich passend

ZUSCHNITT

Die Schnittteile enthalten 0,5 cm Nahtzugabe.

- ☒ 2x Innen- und Außenstoff im Stoffbruch (identisch)
- ☒ 1x Nackenriegel

SCHNITTMUSTER-BOGEN A

1 Vor dem Nähen den Außenstoff im Bereich der Nieten mit einem aufbügelbaren Einlagestreifen verstärken, damit die Nieten stabil eingearbeitet werden können. Danach die Nieten an den markierten Stellen einstanzen. Diese Vorgehensweise ist nötig, damit die Unterseite der Nieten später nicht auf der Haut liegt.

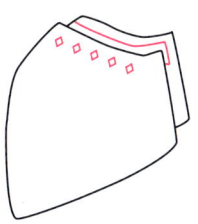

2 Den mittleren Nasenabnäher steppen, den Innen- und Außenstoff rechts auf rechts aufeinanderstecken, nur die obere Maskennaht schließen und mit dem Kantenstepp auf den Innenstoff steppen. So legt sich die obere Maskennaht von alleine in Form und bleibt stabil. Erst danach die untere Maskennaht mit einer schönen Spitze vornähen und durch die seitlichen Öffnungen wenden.

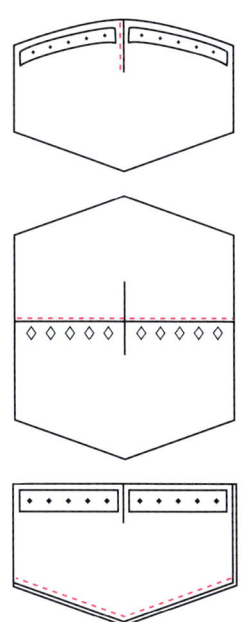

3 Die Maskennähte flachbügeln und knappkantig absteppen.

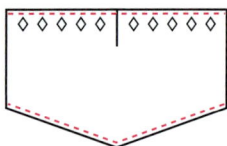

4 Die Maskenenden umbügeln und feststeppen.

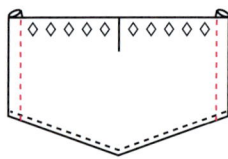

5 Den Nackenriegel zunächst an den im Schnittmuster markierten Stellen in drei Teile schneiden. Dann die drei Teile wiederum mit zwei Nähten verbinden. An den markierten Stellen zwei kleine Öffnungen für das Gummiband lassen, so kann auf das Einarbei ten von Knopflöchern verzichtet werden.

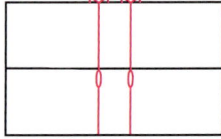

6 Den Riegel seitlich 2x 0,5 cm einschlagen und feststeppen, den Riegel vornähen und wenden.

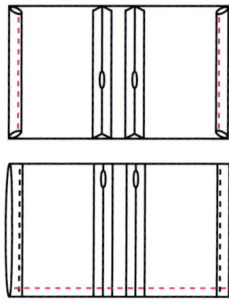

7 Den Riegel an der Bruch- und Nahtseite jeweils 1 cm breit absteppen.

8 Das Gummi sowohl durch die Maskenenden als auch durch den Tunnel einziehen. Die Enden jeweils durch die Nahtöffnungen und den Kordelstopper ziehen. Dabei darauf achten, dass der Gummiknoten im Nahtbereich der Maske verschwindet.

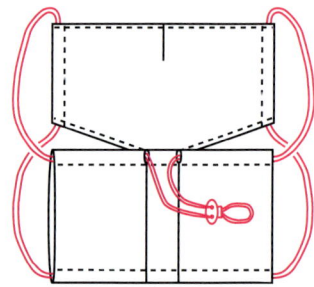

Mit dieser Maske hat
man trotz Augen-
schutz immer den
richtigen Durchblick.

PERFEKT KOMBINIERT

mit abnehmbarem Sichtfenster

SCHWIERIGKEITSGRAD 2

GRÖSSEN

Maske: M (Teenager und
Damen): 22 cm x 15 cm
Schirm: 22 cm x 9 cm

MATERIAL

- ☒ Baumwollwebware, uni oder
  gemustert, 60 cm x 60 cm
- ☒ stabile Transparentfolie,
  0,5 mm stark, 25 cm x 12 cm
- ☒ Klettband in Weiß, 1 cm breit,
  22 cm lang
- ☒ Nähgarn, farblich passend

ZUSCHNITT

Die Schnittteile enthalten
0,5 cm Nahtzugabe.

- ☒ 2x Innenstoff
- ☒ 2x Außenstoff
- ☒ 1x Transparentfolie

HINWEIS: Aus dem 60 cm-
Stoffstück zusätzlich diagonal
im 45°-Winkel 3 Schrägstreifen
zuschneiden.

SCHNITTMUSTERBOGEN A

1 Die Mittelnähte der Maske nähen
und knappkantig absteppen. Die kleinen
seitlichen Abnäher steppen.

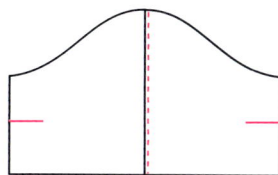

2 Die Maske an den kurzen Masken-
nähten verstürzen, nach rechts wenden
und bügeln. Die obere und untere Maskennaht bleibt offenkantig und wird
später eingefasst.

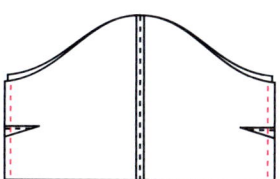

3 Die 4 cm breiten Schrägstreifen mit
einem Schrägbandformer zu Einfassbän-
dern bügeln.

4 Die Maske an der oberen und unteren Kante mit dem Schrägband einfassen. Beim Absteppen die Bänder leicht einhalten, damit die Maske schön dicht anliegt. Die Band-Enden verknoten.

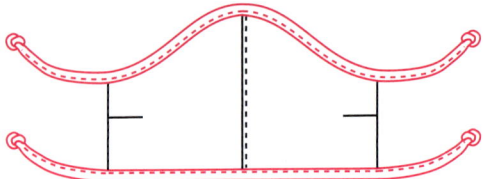

5 Die runde Außenkante des Sichtfensters ebenfalls mit dem Schrägband einfassen. Durch die Stabilität der Folie lässt sich diese ganz einfach in den Schrägstreifen schieben. Vorsicht: Nicht bügeln!

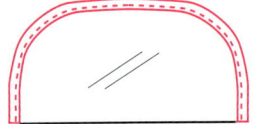

6 An der Unterkante des Sichtfensters das 1 cm breite Hakenklettband ansteppen. An der oberen Innenseite der Maske die Flauschseite des Klettbands ansteppen. Somit ist die Maske auch ohne Schirm tragbar, ohne dass das Klettband stört. Zum Wiederanbringen des Sichtfensters eine kleine farbige Mittelmarkierung mit Nähgarn vornehmen, damit der Schirm immer exakt sitzt.

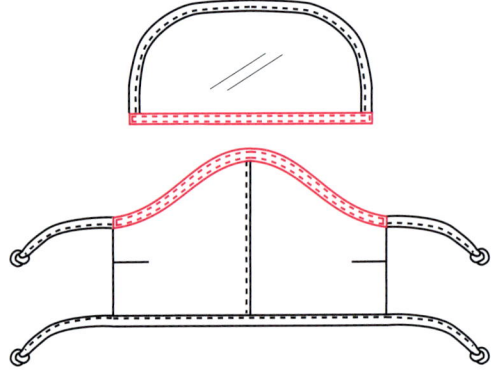

MEINE TIPPS FÜR SIE

Das Sichtfenster besteht aus Transparentfolie, die schmutz- und wasserabweisend sowie temperaturbeständig bis 65 °C ist. Dennoch ist die Maske so gestaltet, dass sich das Sichtfenster schnell mit Klettband lösen, desinfizieren und wieder anbringen lässt. Damit die Stecknadeln beim Verarbeiten des Sichtfensters keine Einstiche hinterlassen, empfehle ich den Einsatz von Stoffclips.

Loops aus weichem Jersey sind für die ganze Familie geeignet. Sie sind einfach zu nähen und bieten vielseitige Tragemöglichkeiten. Sie können das Modell mit einer Spitze vorn nähen, wie auf dem Modellfoto, oder gerade wie ein einfacher Loop.

FAMILY-LOOP
für Groß und Klein

SCHWIERIGKEITSGRAD 1

GRÖSSEN

Kind: 46 cm x 21 cm (bzw.
31 cm für Verlängerung mit
einer Spitze im Vorderteil)
Erwachsener: 58 cm x 27 cm
(bzw. 37 cm für Verlängerung
mit einer Spitze im Vorderteil)

MATERIAL

- ☒ Baumwolljersey, gemustert,
  50 cm x 35 cm (Kind),
  60 cm x 40 cm (Erwachsener)
- ☒ Gummiband, je 1 m lang
- ☒ je 1 Kordelstopper mit
  Doppeleinzug
- ☒ Nähgarn, farblich passend

ZUSCHNITT

Die Schnittteile enthalten
1 cm Nahtzugabe, der Saum
und der Einschlag je 3 cm.

Kind

- ☒ 2x Schnittteil vordere Mitte
  Kind
- ☒ 2x Schnittteil hintere Mitte
  Kind

Erwachsener

- ☒ 2x Schnittteil vordere Mitte
  Erwachsener
- ☒ 2x Schnittteil hintere Mitte
  Erwachsener

SCHNITTMUSTER-BOGEN A

1 Die senkrechten Schnittkanten
versäubern.

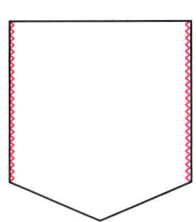

2 Die senkrechten Nähte schließen, dabei an der oberen Bruchkante an der Markierung eine
0,5 cm-Nahtöffnung für die Gummizugschnur lassen.

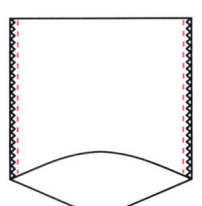

3 Die Nähte nach dem Steppen
auseinanderbügeln. Sowohl den
oberen als auch den unteren Einschlag 2x 1,5 cm umbügeln und an
den Kanten feststeppen. Somit
hat der Loop von außen und innen
eine exakte und langlebige Verarbeitung und behält nach der Wäsche seine Form.

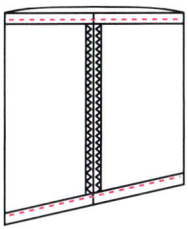

4 Im vorderen Tunnelbereich
das Gummi einziehen, durch die
Öffnungen führen und hinter dem
Kopf durch den Kordelstopper
ziehen.

MEINE TIPPS FÜR SIE

Der Loop hat aufgrund der besonderen Schnitt-Technik einen angenehmen Tragekomfort. Die Nahtführung ist vor das Ohr gelegt und macht einen Verzicht auf Knopflöcher möglich. Dank der eingezogenen Gummischnur lässt er sich schnell auf- und absetzen.

PRAKTISCHES DUO
Maske und Maskentasche im Set

1 Die Maske laut Anleitung auf den Seiten 14–17 nähen.

2 Die Taschenstücke von der linken Seite 0,5 cm mit einem kleinen Steppstich vornähen. An der Markierung eine Wendeöffnung lassen.

3 An den Ecken den Stoff knapp zurückschneiden, die Nähte auf einem Kantenholz auseinanderbügeln, das Stoffstück vorsichtig wenden und die Ecken mit einem Pfrim ausformen.

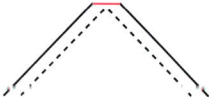

4 Das vorgenähte Taschenstück flachbügeln und die Wendeöffnung mit kleinen Stichen zunähen.

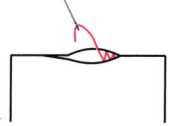

5 Anhand des Schnittmusters die vier Markierungen für den Stanzdrücker übertragen und mit einer Lochzange jeweils kleine Löcher in das Stoffstück stanzen.

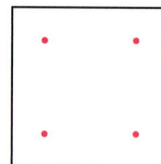

6 Mithilfe einer Knopfzange das Druckknopf-Oberteil in die obere Taschenecke einarbeiten.

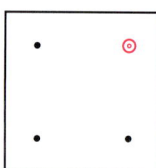

7 Die unteren drei übereinandergelegten Ecken mit dem Unterteil des Stanzdruckers halten und mit der Knopfzange verbinden. Dabei erst die untere Stoffecke nach oben klappen und die seitlichen Stoffecken darüberlegen. Eventuell mit einer Stecknadel stabilisieren.

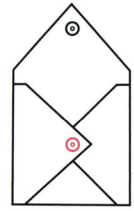

8 Den kleinen Stoffriegel vornähen und durch den Karabinerhaken ziehen. Die Enden einschlagen und mit ein paar stabilen Handstichen an der markierten Rückseite der Tasche befestigen.

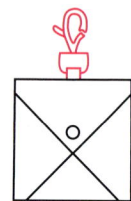

MEIN TIPP FÜR SIE
Meist lassen sich in leichte Baumwollstoffe die Löcher nur schwer stanzen. Daher empfehle ich, beim Einsatz der Lochzange eine dünne Pappe unterzulegen. Das schont die Handgelenke und die Löcher lassen sich exakt und leicht ausstanzen.

Wer es ordentlich und zugleich stilvoll mag, für den ist diese kleine Maskentasche in raffinierter Falttechnik für unterwegs genau das Richtige.

SCHWIERIGKEITSGRAD 2

GRÖSSEN
Tasche: 10 cm x 10 cm

MATERIAL
- ⊠ Baumwollwebware, kleingemustert, 50 cm x 50 cm (Maske und Tasche)
- ⊠ Stanzdruckknopf
- ⊠ Karabinerhaken, 1,5 cm breit
- ⊠ Gummiband, 50 cm lang
- ⊠ Nähgarn, farblich passend

ZUSCHNITT
Die Schnittteile enthalten 0,5 cm Nahtzugabe.
- ⊠ 2x Schnittteile Maske
- ⊠ 2x Schnittteile Tasche
- ⊠ 1x Stoffriegel, 1,5 cm x 10 cm

SCHNITTMUSTERBOGEN A+B

STYLISHES UNIKAT

mit Zierstichen

SCHWIERIGKEITSGRAD 1

GRÖSSE

M (Teenager und Damen):
20 cm x 14 cm

MATERIAL

- ☒ Baumwolljersey, uni,
  20 cm x 40 cm (Außen-
  stoff)
- ☒ Baumwollwebware in Weiß,
  15 cm x 30 cm (Innenstoff)
- ☒ ausreißbares Stickvlies,
  10 cm x 20 cm
- ☒ Gummiband, 2x 25 cm lang
- ☒ Nähgarn in Multicolor

ZUSCHNITT

Die Schnittteile enthalten
0,5 cm Nahtzugabe.

- ☒ 2x Außenstoff
- ☒ 2x Innenstoff
- ☒ 2x Stickvlies-Streifen,
  5 cm x 10 cm

**SCHNITTMUSTER-
BOGEN B**

1 Die Mittelnähte des Innen-
und Außenstoffes nähen und auseinanderbügeln.

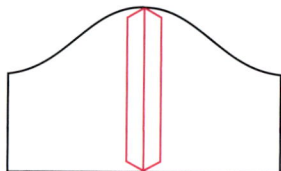

2 Die äußere Mittelnaht mit einem 3-fach-Steppstich in Strich-
größe 3 links und rechts neben
dem Nahtschatten absteppen.
Danach die Nahtzugaben von innen hinter dem Steppstich abschneiden, damit sie später nicht
im Zierstich liegen.

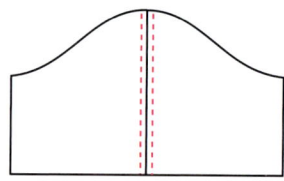

3 An der oberen und unteren
Schnittkante der Maske von
rechts 2 cm ab der Kante eine
Kreidelinie ziehen. Es ist wichtig,
dass die Zierstiche vor dem Verstürzen ausgeführt werden, damit
die Maske eine schöne Innenseite
erhält.

4 Die Streifen aus Stickvlies
auf die untere Maskenseite unter
die Stickposition legen und feststecken.

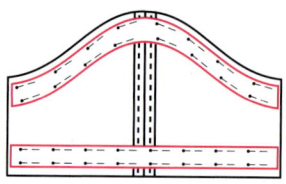

5 An der Nähmaschine einen
Zierstich nach Wahl aussuchen
und diesen von rechts an der oberen und unteren Maskenkante
entlang der markierten Linie aus-
üben.

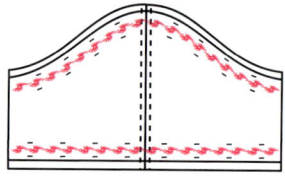

6 Danach das Stickvlies sorgsam
auf der linken Seite ausreißen.

7 Die Zierstiche von rechts abbügeln und die Maske wie auf den
Seiten 14-17 beschrieben fertigstellen.

MEIN TIPP FÜR SIE

*Für die Fertigung dieser Maske
empfehle ich Ihnen einen Test-
lauf mit Zierstichen am Original-
Stoffmuster. Der Einsatz eines
Stickvlieses ist hierbei ebenfalls
unerlässlich.*

Mit effektvollen Garnen und ausgewählten Zierstichen erhält die Maske eine individuelle Note. Der verwendete Baumwolljersey gibt die nötige Geschmeidigkeit.

Dieser kuschelige „Wintermolli" aus weichem Sweatshirtstoff ist perfekt für die kalte Jahreszeit.

FÜR KALTE TAGE
mit angeschnittenem Ohrenteil

1 Vor dem Nähen den Stoff zunächst bügeln. Damit der „Wintermolli" seine schöne Form behält, alle Schnittkanten des Obermaterials mit einem 1,5 cm breiten Einlageschrägband bebügeln. Das macht das Weiterarbeiten leichter.

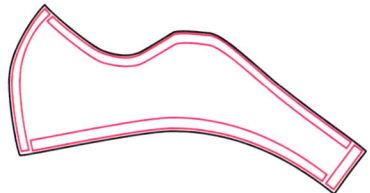

2 Nun die mittlere Maskennaht am Innen- und Außenmaterial nähen, auseinanderbügeln und knapp absteppen.

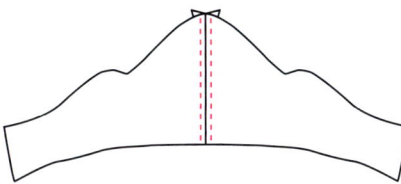

3 Den kleinen Abnäher steppen, aufschneiden, auseinanderbügeln und knapp absteppen. Die Ohrenfalte nach hinten legen und mit einem Stepp fixieren.

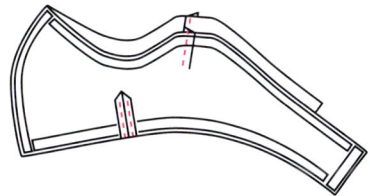

4 Innen- und Außenmaske rechts auf rechts ringsherum aufeinandernähen und verstürzen. Dabei in der unteren Maskennaht eine Wendeöffnung lassen.

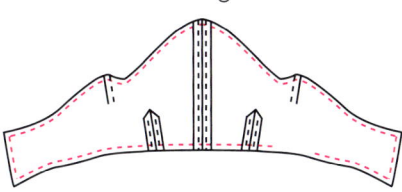

5 Die Maske wenden, bügeln und ringsherum exakt knappkantig absteppen.

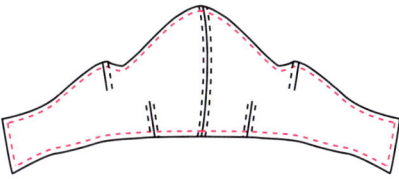

6 Das Klettband wie auf dem Schnittmusterbogen markiert ansteppen.

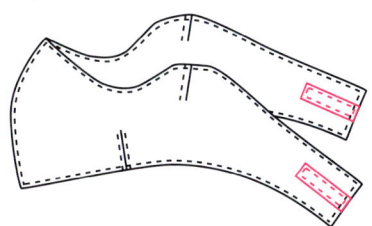

BUCHEMPFEHLUNGEN FÜR SIE

Noch mehr kreative Bücher gesucht?

ISBN 978-3-7724-6847-6

ISBN 978-3-7724-4968-0

ISBN 978-3-7724-6548-2

ISBN 978-3-7724-6848-3

ISBN 978-3-7724-4813-3

ISBN 978-3-7724-4841-6

ISBN 978-3-7724-8154-3

ISBN 978-3-7724-4823-2

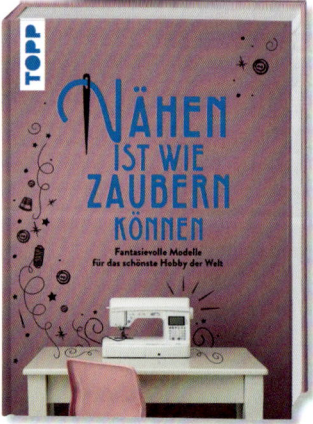

ISBN 978-3-7724-4811-9

Noch mehr Kreativ-Bücher finden Sie auf www.TOPP-kreativ.de

VON INGE SZOLTYSIK-SPARRER SIND AUSSERDEM DIESE TITEL ERSCHIENEN:

ISBN 978-3-7724-8143-7

ISBN 978-3-7724-6453-9

ISBN 978-3-7724-6478-2

#TOPPPROJEKT

Die eigene Kreativität zeigen: TOPPprojekt mit anderen Kreativen teilen und Teil der Gemeinschaft werden.

DIY-begeistert und auf Instagram? Dann unbedingt mitmachen! Hier gibt's Tipps und Feedback zu den eigenen Projekten. Außerdem verlosen wir jeden Monat ein Überraschungspaket. Um am Gewinnspiel teilzunehmen, einfach ein Bild vom Kreativ-Projekt aus unseren Büchern mit #TOPPprojekt posten und unserem Account @frechverlag folgen. Mehr Infos auf TOPP-kreativ.de/TOPPprojekt

Mach mit beim
#TOPPprojekt
#TOPPprojekt
@frechverlag

Webseite
Auf TOPP-kreativ.de gibt es ein riesiges Angebot von über 1.000 Kreativ-büchern, Sets und mehr zu entdecken.

Newsletter
Immer als Erstes von unseren Neuheiten und Sonderaktionen erfahren. TOPP-kreativ.de/newsletter

Instagram
@frechverlag

Pinterest
pinterest.com/frechverlag

Facebook
facebook.com/frechverlag

DigiBib
Hier gibt es zusätzlich zu einigen unserer Bücher digitale Extras, wie Video-Tutorials, Plotter-Dateien, Vorlagen, Übungsblätter und vieles mehr. Einfach im Impressum eines TOPP-Buchs nachschauen, ob dort ein Code vorhanden ist, und exklusive Inhalte freischalten. TOPP-kreativ.de/digibib

Youtube
youtube.com/frechverlag

WER WIR SIND, WIE WIR ARBEITEN, WAS WIR LIEBEN ...

Mehr über uns und unsere Arbeit und immer mit den neuesten Informationen versorgt schnell und einfach auf Instagram, Facebook und Pinterest.

Alle News, alle Infos und alle Links findest du auf www.TOPP-kreativ.de

INGE SZOLTYSIK-SPARRER ist Schneidermeisterin und Unternehmerin aus Leidenschaft. 1981 absolvierte sie ihre Meisterprüfung in Dortmund und baute sich mit ihrem eigenen Atelier einen hervorragenden Ruf in der Branche auf. Die engagierte Schneidermeisterin wurde bereits mit zahlreichen Preisen ausgezeichnet und ist unter anderem Bundesvorsitzende des Maßschneiderhandwerks und Dozentin an der Handwerkskammer Dortmund. Sie ist eine TV-bekannte Jurorin und erteilt in ihrer Nähakademie Kurse für Nähbegeisterte.

Mehr Infos

Aktuelle Informationen zur COVID-19-Lage sowie Empfehlungen bietet das Robert-Koch-Institut (www.rki.de) sowie die Bundeszentrale für gesundheitliche Aufklärung (www.infektionsschutz.de/coronavirus). Hinweise zur Verwendung von selbst hergestellten Masken gibt das Bundesinstitut für Arzneimittel und Medizinprodukte (www.bfarm.de/schutzmasken.html).

Kreativ-Hotline

Hilfestellung zu allen Fragen, die Materialien und Bücher zu kreativen Hobbys betreffen:
Frau Erika Noll berät Sie. Rufen Sie an oder schreiben Sie eine E-Mail!
Telefon: 0 50 52 / 91 18 58*   *normale Telefongebühren
E-Mail: mail@kreativ-service.info

FOTOS: frechverlag GmbH, 70499 Stuttgart; lichtpunkt, Michael Ruder, Stuttgart
PRODUKTMANAGEMENT: Lisa-Marie Weigel
LEKTORAT: Uta Koßmagk, Wiesbaden
SCHRITTILLUSTRATIONEN: Sabine Schidelko, Nürnberg
COVERGESTALTUNG: Eva Grimme
LAYOUT: Petra Theilfarth
DRUCK UND BINDUNG: POLYGRAF PRINT spol. s r.o.

1. Auflage 2020
© 2020 frechverlag GmbH, Turbinenstraße 7, 70499 Stuttgart
ISBN 978-3-7724-4852-2 · Best.-Nr. 4852